Ortografía correcta
del catalán

Escuela de Idiomas De Vecchi
y Ramon Niubò

ORTOGRAFÍA CORRECTA DEL CATALÁN

dve
PUBLISHING

De Vecchi Ediciones participa en la plataforma digital **zonaebooks.com**
Desde su página web (www.zonaebooks.com) podrá descargarse todas las obras de nuestro catálogo disponibles en este formato.

Traducción de Cristina Sala.

Diseño gráfico de la cubierta: © YES.

Fotografías de la cubierta: © Stephen Coburn/Fotolia.com y © Comstock/Getty Images.

Índice

Introducción

Este manual que tiene entre las manos ha sido elaborado con la idea de facilitarle la escritura correcta del catalán.

La obra se divide en diversas lecciones que tratan las dificultades que presenta la ortografía catalana, de una forma clara y breve a la vez que profunda. A la explicación de cada norma de escritura de un sonido determinado le sigue un conjunto de ejemplos que ayudan a comprender la regla ortográfica.

En cada lección se encuentran también ejercicios que recogen los aspectos tratados más significativos. Estos ejercicios están resueltos en la parte final del libro. Sea disciplinado: procure hacer los ejercicios sin mirar la solución y compruebe después sus aciertos.

Lección I
Acentuación prosódica

En las palabras formadas por más de una sílaba, denominadas *polisílabas*, siempre hay una vocal que se pronuncia con más intensidad que las otras. El fuerte golpe de voz que recibe la sílaba en la que se encuentra esta vocal recibe el nombre de *acentuación prosódica*. La vocal que se destaca con la voz al pronunciar la palabra se denomina vocal *tónica*; las otras vocales, *átonas*. Las sílabas son *tónicas* o *átonas* según la vocal que les corresponda.

Ej.: carnaVAL, CAPsa, HOme, fanTÀStic, ciGRONS.

En este ejemplo, las sílabas tónicas se han destacado utilizando mayúsculas.

Ejercicio I

Subraye la sílaba tónica de las siguientes palabras:

Llibre, papel, calxa, pipa, encenedor, cadira, estufa, tabac, adhesiu, taula, abric, pesca, caure, orgue, llençar, cortina, catifa, armari, porta, vasos, quadre, fotografia, ploma, disfressa.

Las palabras polisílabas pueden clasificarse según la posición de la vocal tónica. De este modo, existen palabras *agudas*, *llanas* y *esdrújulas*.

- *Agudas:* la sílaba tónica es la última.
  Ej.: inFERN, ciGAR, caVALL, peTIT.

- *Llanas:* la sílaba tónica es la penúltima de la palabra.
  Ej.: PAre, estiMAda, maNEra, BALda.

- *Esdrújulas:* la sílaba tónica es la antepenúltima de la palabra.
  Ej.: LLÉmena, PRÀCtica, SÍNtesi, orGÀnica.

Ejercicio 2

Clasifique las siguientes palabras en agudas, llanas o esdrújulas:

Mitja, sabata, pàgina, paret, fusta, escaire, antena, menut, hipèrbole, revista, gramàtica, alfabet, pronom, síl·laba, esquellot, vaca, vailet, rierol, corda, endreç, tèrbola, esdrúixola.

Lección 2
Separación de las sílabas

Las palabras pueden clasificarse en *agudas*, *llanas* o *esdrújulas*.

Para hacerlo correctamente, es necesario saber separar las sílabas de aquellas palabras que tienen agrupaciones de vocales.

Estas agrupaciones pueden formar un diptongo o no; existirá un *diptongo* cuando se pronuncien dos vocales unidas en una sola emisión de voz.

Las vocales se dividen en dos grupos para facilitar la clasificación de los diptongos:

— vocales débiles: *i, u*;
— vocales fuertes: *a, e, o*.

Según esta clasificación, no se forma diptongo en estas dos combinaciones:

a) *vocal fuerte + vocal fuerte*
  Ej.: pla-er, à-re-a, bra-ó, pro-a, pro-e-mi.

b) *vocal débil + vocal fuerte*
  Ej.: his-tò-ri-a, gru-a, su-or, ti-ó, ri-ent.

Formarán diptongo las otras dos combinaciones posibles:

a) vocal débil + vocal débil

    Ej.: riu-re, bui-dar, re-cuit.

b) vocal fuerte + vocal débil

    Ej.: gai-re, bei-na, boi-ra, neu-la, pa-rau-la, plou-re.

De este modo, los diptongos posibles en catalán son los siguientes:

iu (piular)	*au* (pausa)	*ai* (mai)
ui (truita)	*eu* (peu)	*ei* (remei)
uu (duu)	*ou* (ploure)	*oi* (noi)

EXCEPCIONES

Sólo hay una excepción a esta norma: la palabra bisílaba *gúa*.

También forman diptongo, siempre que vayan precedidos de *g* o de *q*, los grupos *ua*, *üe* y *üi*.

    Ej.: *qua*-tre, fre-*qüent*, lin-*güís*-ti-ca.

Existen pocos *triptongos* en catalán.

    Ej.: *guai*-ta, Ca-ma-*güei*.

a) Cuando coinciden tres vocales juntas, y la de en medio es una *i* o una *u*, en este caso, la *i* y la *u* representan consonantes.

    Ej.: no-*ia*, ve-*uen*, mo-*uen*, es-pa-*iat*.

Observe que la primera vocal forma sílaba con la consonante que la precede, mientras que las otras dos componen una sílaba aparte.

b) La *i* también actúa como consonante al inicio de la palabra.

*Ej.: i*ode, *hi*ena.

c) Observe que la *u* no formará diptongo en los siguientes casos:

- En las terminaciones latinas *-us, -um.*
  Ej.: pi-*us*, har-mò-ni-*um.*

- Cuando se trata de una *ü* (con diéresis).
  Ej.: ta-*ül.*

d) Tampoco compone un diptongo la *i* en los siguientes casos:

- Cuando forma los sufijos *-isme, -ista.*
  Ej.: e-go-*isme*, e-go-*ista.*

- Cuando forma las terminaciones *ïs, ïn, ï* del presente de subjuntivo.
  Ej.: can-vi-*ïs*, can-vi-*ïn*, can-vi-*ï.*

- Cuando se trata de una *í* (con acento) o de una *ï* (con diéresis).
  Ej.: a-gra-*í*-em, pa-*ï*-a.

- Las terminaciones de infinitivo, gerundio, futuro y condicional de los verbos terminados en *-ir.*
  Ej.: llu-*ir*, es-mor-te-*ir*, llu-*int*, es-mor-te-*int*, llu-*i*-ré, es-mor-te-*i*-ré, llu-*i*-ri-a, es-mor-te-*i*-ri-a.

e) Las palabras que comienzan con vocal a las cuales se les agrega un prefijo tampoco forman diptongo.

Ej.: *supra*-unió, *re*-incidir.

f) Los *dígrafos* son el conjunto de letras que representan un único sonido:

— *gu* delante de *e, i*: *gu*erra, *gu*iu;
— *-ig* al final de palabra: fa*ig*, esto*ig*;
— *-ix* detrás de *a, e, o, u*: ca*ix*a, fe*ix*a, mo*ix*, flu*ix*;
— *ll* en todos los casos: *ll*eure, ane*ll*, ma*ll*a;
— *ny* en todos los casos: *ny*icris, pu*ny*, Catalu*ny*a;
— *qu* delante de *e, i*: *qu*edar, qui*ll*a;
— *rr* en todos los casos: ca*rr*o, e*rr*ata;
— *ss* en todos los casos: ta*ss*a.

Al escribir una palabra, si no cabe entera en el espacio que nos queda, puede dividirse separando cada uno de los componentes de los dígrafos: *ss, rr, ix*.

Ej.: cai-xa, as-sociar, guer-ra.

Ejercicio 3

Separe las sílabas de las palabras que forman las siguientes frases:

✎ Vaig anar a la caixa d'estalvis. - Els passatgers del tramvia s'asseien. - Vàrem veure de reüll les noies que passaven pel carrer. - Si no fos núvol, lluiria el sol. - Qualsevol senyor pot caçar guatlles. - Pius sabia tocar l'harmònium. - No canviïs els bitllets. - Per Pasqua contraatacaren els taüls. - La palla cremà el feix de faig. - Quina companyia pagarà els danys causats per la sobreeixida?

Lección 3
El acento

Al escribir, es necesario señalar, en determinados casos, la vocal tónica de algunas palabras para remarcar que recibe el golpe fuerte de voz. El diacrítico que se utiliza recibe el nombre de *acento gráfico* y puede ser de dos formas:

— acento *abierto* o *grave* (`);
— acento *cerrado* o *agudo* (´).

Hay que recordar que se han clasificado las palabras, según la posición de la sílaba tónica, de la siguiente forma:

- *Agudas:* la sílaba tónica es la última.
  Ej.: tinGUT, maRÍ.
- *Llanas:* la sílaba tónica es la penúltima.
  Ej.: CAPsa, TÀlem.
- *Esdrújulas:* la sílaba tónica es anterior a la penúltima.
  Ej.: QUÍmica, TÈtrica.

El acento agudo corresponde a las vocales que se pronuncian con un sonido cerrado, mientras que el acento grave es el de las vocales abiertas:

— vocales *abiertas*: *a,* e (abierta), o (abierta);
— vocales *cerradas*: *i, u,* e (cerrada), o (cerrada).

Observe que la letra *a* siempre llevará, cuando le corresponda, acento abierto, mientras que la *u* y la *i* lo tendrán cerrado. Puesto que sería muy laborioso tener que acentuar todas las palabras, hay que tener en cuenta las siguientes reglas de acentuación:

a) No se acentuarán las monosílabas.
  Ej.: pa, fi, cel.

b) Respecto a las polisílabas, hay que fijarse en su terminación.
  Existe un conjunto de terminaciones que reciben el nombre de *terminaciones típicas*:

-A	-E	-I	-O	-U
-AS	-ES	-IS	-OS	US
-EN	-IN			

Se pondrá acento gráfico sobre la vocal tónica de la palabra en los siguientes casos:

a) En las palabras *agudas* acabadas en *terminación típica*.
  Ej.: tin*drà*, tin*dré*, tu*pí*, ci*gró*, al*gú*, mata*làs*, re*vés*, pas*tís*, ar*ròs*, Por*tús*, a*prèn*, Ber*lín*.

b) En las palabras *llanas* no acabadas en *terminación típica*.
  Ej.: e*xà*mens, *sò*col, per*tà*nyer, auto*mà*tic.

c) En todas las palabras *esdrújulas*.
  Ej.: cri*dò*ria, *mà*quina, *cè*lebre.

La *i* y la *u* de las terminaciones no deben formar parte de ningún diptongo; si lo hacen, no se consideran terminaciones típicas. De este modo, se acentuarán palabras como:

anàveu, vèieu.

Estas se consideran palabras llanas acabadas en terminación atípica. No se acentuarán palabras como:

remei, dinou.

Observe que los pocos diptongos decrecientes, precedidos siempre de *g* o de *q*, son considerados terminaciones típicas y no se acentuará, por ejemplo:

pasqua.

Tampoco se acentuarán las palabras agudas terminadas en *i* o *u* en diptongo, en los que la vocal tónica es la primera. Recuerde que la palabra *gúa* se acentúa para distinguirla de *gua*-/guà/.

Hay que considerar el hecho de que se acentuarán las palabras compuestas con guión, los adverbios acabados en *-ment* que ya lo llevasen y todos los términos que lo necesiten, aunque estén escritos en mayúsculas.

Ej.: franco-britànic, dràsticament, CAFÈ.

Ejercicio 4

Se han acentuado las siguientes palabras. Corríjalas colocando el acento gráfico sólo en aquellas a las que les corresponda:

Filología, papà, història, lléngua, alfabét, bréu, pót, artícle, substantíu, servèi, màgic, ciència, bòvila, exàmen, Pàsqua, púa, llíbre, companyía, càpsa, càpses, corrúes, pípa, plóma, calàix, océll, mòble, bèstia, harmònium, cigàr, tornàr, llàpis, màxims, mínim, cendrér, prestatgería, prèmi.

EXCEPCIONES

Existe un conjunto de palabras que no deberían llevar acento gráfico de acuerdo con las reglas antes mencionadas; no obstante, se acentuarán para distinguirlas de otros términos escritos con la misma grafía, pero con significado diferente.

Este acento distintivo se denomina *acento diacrítico* para diferenciarlo del acento gráfico. En la siguiente lista encontrará a la izquierda las palabras que deberán llevar *acento diacrítico*, con su significado escrito entre paréntesis (siempre que se considere necesario), y a la derecha, todas aquellas con diferente significado e idéntica grafía pero que se escriben sin acento.

Acentuadas	*No acentuadas*
bé, *béns* (adjetivo; posesión)	*be*, *bens* (animal: cordero) *be* (letra)
bóta, *bótes* (recipiente)	*bota*, *botes* (calzado; verbo *botar*)
cóc, *cócs* (bizcocho)	*coc* (cocinero; verbo *cocer*)
Còll (población)	*coll* (cuello; depresión; juego de cartas)
córn, *cóms* (artesa, gamella)	*com* (adverbio)
cóp, *cóps* (cerro; copo de nieve; medida)	*cop*, *cops* (movimiento brusco)
cós, *cóssos* (carrera)	*cos*, *cossos* (cuerpo)

Déu, déus; adéu y derivados (divinidad; interjección)	*deu, deus* (numeral; verbo *deber*; verbo *dar*; fuente)
dó, dóns (verbo *dar*)	*do, dons* (nota; acción de dar)
dóna, dónes (verbo *dar*)	*dona, dones*
és (verbo ser)	*es* (reflexivo)
féu (hizo) y derivados *(reféu)*	*feu* (verbo *hacer* imperativo y presente; feudo)
fóra (verbo ser)	*fora* (fuera)
jóc, jócs (recogerse, acostarse)	*joc, jocs* (de *jugar*)
Lés (población)	*les* (artículo)
mà (parte del cuerpo)	*ma* (posesivo)
més (cuantitativo)	*mes* (sin embargo; parte del año)
mèu, mèus (maullido)	*meu, meus* (posesivo)
món (la Tierra), *rodamón*	*mon* (posesivo)
móra, móres (fruto), *Móra* (población)	*mora, mores* (verbo *morar*)
nét, néta, néts, nétes, renét (parentesco)	*net, neta, nets, netes, renetes* (adjetivo)
nós (pronombre mayestático)	*nos* (pronombre débil)
nòs amb nòs (nosotros solos)	
ós, óssa, óssos, ósses (animal)	*os, ossos* (parte del esqueleto), *ossa, osses* (esqueleto completo)
pèl, pèls, repèl, contrapèl, empèl	*pel* (por + el)
pórca, pórques (medida)	*porca, porques* (sucio; animal)
què (relativo precedido de preposición, pronombre interrogativo: l'època de *què* parles; *què* vols?)	*que* (relativo sin preposición, conjunción: l'època *que* dius; vol *que* hi vagis)
rés (oración)	*res* (nada)
róssa, rósses (jamelgo; carroña)	*rossa, rosses* (rubia)
sé (verbo *saber*)	*se* (reflexivo)
séc, sécs (pliegue)	*sec, secs* (verbo *sentarse*)
sègle (centeno)	*segle* (siglo)
sèu, sèus (sebo)	*seu* (verbo *sentarse*; posesivo; catedral; sede)
sí, sís (afirmación)	*si* (condicional; reflexivo; nota musical; cavidad)

só (verbo *ser:* soy)	*so* (sonido)
sóc (verbo *ser*)	*soc* (tocón; zueco)
sòl, sòls (superficie), *subsòl...*	*sol, sols* (astro; verbo *soler,* nota musical; solo)
són (verbo *ser*)	*son* (posesivo; ganas de dormir)
té (verbo *tener*)	*te* (infusión; letra; pronombre débil)
tòt, tòts (boca de un botijo)	*tot, tots* (cuantitativo)
ús (verbo *usar*)	*us* (pronombre débil)
véns, vénen (verbo *venir*), *revéns*	*vens, venen* (verbo *vender*), *revens*
vés (verbo *ir*)	*ves* (verbo *ver*)
véu (verbo *ver:* vio)	*veu* (verbo *ver,* voz)
vós (tratamiento)	*vos* (pronombre débil)

Ejercicio 5

Acentúe gráficamente las palabras que lo necesiten en las siguientes frases:

✎ Vos vareu endur-vos els ossos dels bens. - Algu va veure que feieu amb la ma. - No tinc mes son. - Us volen prendre el net? - Si, pero Deu no ho permetra. - El mon es gran com tot. - El pel dels bens abriga. - Si els de la companyia de cafe tinguessin camions i fessin una bona collita, seria un any de bens. - Te aquestes mores i fes-ne un bon us. - De que, dius? No ho se.

Lección 4
La diéresis

La diéresis es el signo gráfico (¨) que, como el acento, indica que debe reforzarse la letra sobre la que recae. Sólo llevan diéresis las vocales *i, u;* de este modo se señala que no forman diptongo con la vocal anterior o que no actúan como consonantes.

Observe la diferente pronunciación de la *ï* en agra*ï*a respecto a la *i* de La*i*a o la de no*i*a y redu*ï*a. La misma diferencia se produce con la *ü* de pe*u*.

También llevará diéresis la *u* cuando se pronuncie precedida de *g* o *q* y seguida de *i* o *e*.

Ej.: qüestió, lingüística, güell, pingüí.

NOTAS

Generalmente llevan diéresis las palabras derivadas de otras con *u* o *i* tónicas.

Ej.: veí - veïnatge
     agrair - agraïment

Las palabras derivadas mediante los sufijos *-tat, -at, -itzar* y similares también llevarán, normalmente, diéresis.

Ej.: hero*i* - hero*ï*citat
   homogen*i* - homogene*ï*tzar
   rombo*i*de - rombo*ï*dal

EXCEPCIONES

No se pondrá diéresis en los siguientes casos:

a) Cuando pueda acentuarse una palabra gráficamente, de acuerdo con las reglas, se prescindirá de la diéresis.
   Ej.: país (països).

b) En la *i* de los sufijos *-isme*, *-ista*.
   Ej.: egoisme - egoista.
   No se consideran sufijos *proïsme, lluïsme*.

c) En la *i* y la *u* iniciales de una palabra a la que se antepone un prefijo.
   *Ej.: reiniciar, coincidir, anti*unionista.
   No se consideran prefijos los de las palabras *reïx, reüll* y derivados.

d) En las terminaciones latinas *-us, -um*.
   Ej.: pius, harmònium.

e) En la *i* de las terminaciones de los verbos de la tercera conjugación *(-ir)* en los siguientes tiempos:

infinitivo: fruir, agrair.
gerundio: fruint, agraint.
futuro: fruiràs, agrairàs.
condicional: fruiries, agrairies.

Ejercicio 6

Coloque la diéresis en las palabras de las siguientes frases, si les corresponde:

✎ Fruíem a la cuina de llenya, però era una ruina. - Ahir agrairem l'heroicitat dels soldats. - Els antiimperialistes contraatacaven amb molta frequència. - No reixo a vèncer en Pius. - L'heroisme del veinatge salvà la ciutat. - Si no hi hagués quòrum no es produiria la votació. - Tens cinta aillant? - Les aigues anihilaren aquest poble de l'antiguitat. - Coia els peus de porc que duia en Miquel.

Lección 5
El apóstrofo

El apóstrofo (') es un signo que marca la elisión de una vocal en contacto con otra.

Ej.: la aigua → *l'*aigua
el ocell → *l'*ocell

Se pondrá en los siguientes casos:

a) La preposición *de* se apostrofará, reduciéndola a *d'*, delante de vocal o *h* no aspirada.

*Ej.: d'*aire, *d'*una, *d'*hissar.

De no se apostrofará cuando vaya delante de una vocal que actúe como consonante, cuando pueda producirse alguna confusión o cuando se citen dichos, títulos o similares.

Ej.: Professor *de* ioga.
Internat *de* anormals.
L'escriptora *de* «Allò que el vent s'endugué».
Aprèn allò *de* «a pagès endarrerit, cap anyada no li és bona».

b) El artículo masculino singular *el* se reduce a *l'* delante de vocal, *h* no aspirada o numerales y consonantes que en catalán se pronuncian vocálicamente.

*Ej.: l'*home, *l'*invàlid, *l'*slogan.

c) El artículo *la* se apostrofará delante de vocal o *h* aspirada.

*Ej.: l'*amistat, *l'*hora, *l'*excepció, *l'*Índia, *l'*única.

El artículo *la* no se apostrofará cuando la siguiente palabra comience por *i* o *u* átonas, aunque vayan precedidas de *h* no aspirada.

Ej.: la història, *la* italiana, *la* humanitat.

Tampoco se escribe *l'*, siguiendo la tradición, delante de los nombres de las letras ni delante de las siguientes palabras:

la una, *la* host.

Al igual que sucedía con la preposición *de*, el artículo *la* no se apostrofará cuando pueda producirse alguna confusión.

Ej.: la asimetria, *la* ira.

d) Se apostrofarán los pronombres débiles *m'*, *t'*, *l'* y *s'* cuando vayan delante de un verbo que comience por vocal o *h* no aspirada.

*Ej.: m'*entristeix, *t'*estima, *l'*agafa, *s'*ha acabat.

No se apostrofará el pronombre débil *la* seguido de *u* o *i* átonas.

Ej.: *la* uneixen, *la* irriten.

e) Se apostrofarán los pronombres débiles *'m, 't, 'l, 's, 'ns* y *'ls*.

Ej.: porta*'m*, mira*'t*, para*'l*, beure*'s*, caure*'ns*, deixi*'ls*.

f) En la combinación de dos pronombres débiles, se apostrofará el situado más a la derecha.

Ej.: te*'l* dóna, me *n*'ha pres.

g) Los artículos de tratamiento *en* y *na* se apostrofan delante de vocal o *h* no aspirada.

Ej.: *N*'Eduard, *N*'Elisenda, *N*'Hèctor.

No se apostrofa *na* delante de *i* o *u* átonas.

Ej.: *Na* Irene.

h) En el caso de las contracciones de artículos, si se permite apostrofar, será necesario separar: *al, del, can, cal* y *pel*.

Ej.: *a l*'arbreda, *ca n*'aiguader, *per l*'era.

Ejercicio 7

Coloque el apóstrofo donde sea necesario:

La he vista al carrer. - La indústria del aliment. - Pel estiu ja hi serem tots. - Porta-me la eina de cal Enric.

- Na Úrsula no vol perdre-te. - La unió porta la força.
- La universitat de Alemanya. - La Scala de Milà. - El
1 de juliol comença el curs de ioga. - No te la has po-
sada bé. - El Harry venia de la Índia. - La OTAN és un
pacte militar.

Ejercicio 8

Apostrofe correctamente las siguientes palabras:

✎ M'en vaig, la hipnosi, vés-t'en, el home, l'italiana, l'únic,
l'única, l'humanitat, l'Hall, Can'Esteller, pel'home, l'ò-
pera, la obrera, de abans-de-ahir, dóna-me, al aire,
agafa-los, mira-t'els, porta-nos-en, porteu-nos-en,
perdre-se.

Lección 6
El guión

El guión es el signo gráfico (-) que se coloca entre dos partículas de una palabra compuesta o para señalar la unión de dos palabras.

El guión se utiliza en los casos que se detallan a continuación:

a) En las palabras compuestas cuando se proponen las siguientes particularidades: el primer término acaba en vocal y el segundo comienza por *-r, -s* o *-x* y están formados por:

— sustantivo + adjetivo
— verbo + sustantivo

> *Ej.:* coma-ruga, penya-segat, escura-xemeneies, para-sol, busca-raons.

b) En todos aquellos casos en los que la unión de dos palabras, independientemente del tipo de palabra, pueda inducir a una pronunciación errónea.

> *Ej.:* Font-romeu, Erill-la-Vall, Mont-real.

Algunos tecnicismos, entre los cuales destacan:

anterolateral, coxofemoral, electromagnètic, fibrovascular, gastrointestinal, labiodental, linguopalatal, mineromedicinal, posteroexterior.

d) En onomatopeyas, repeticiones y otros compuestos heterogéneos.

Ej.: abans-d'ahir, poca-solta, plats-i-olles, soca-rel, nord-oest, cama-curt, xerric-xerrac.

e) En las palabras formadas con los siguientes prefijos:

arxi-, ex-, no-, pseudo-, quasi-, sots-, vice-.

Ej.: arxi-ric, ex-secretari, no-res, pseudo-robatori, sots-secretari, vice-rector.

f) En los numerales cardinales para separar las decenas de las unidades y el prefijo de *-cent, -cents, -centes.*

Ej.: vint-i-dos, quaranta-nou, set-centes, dos mil tres-cents seixanta-tres.

g) En el caso de los pronombres débiles en forma no reducida que vayan después del verbo.

Ej.: doneu-nos-ho, porta-li-ho, pren-te-la.

Ejercicio 9

Coloque el guión donde lo considere conveniente:

El venedor de vetes i fils és un poca vergonya. - L'ex-secretari del vicepresident és arxiconegut. - Anem-nosen cap a Puigreig. - Aquesta pel·lícula angloger-mànica ha costat tres cents vint i vuit milions nou cents quaranta dos mil euros. - L'informe físicoquí-mic analitza l'aigua mineromedicinal.

Lección 7
A-E (vocal neutra)

El catalán oriental pronuncia cualquier *a* o *e* que se encuentra en una sílaba átona como un sonido intermedio denominado *vocal neutra*. Es necesario aprender a pronunciar correctamente este sonido de labios catalanoparlantes. La pronunciación es similar al sonido de la *a* de la palabra inglesa *man*.

El catalán occidental distingue la *a* y la e átonas, si bien en algunos lugares existe la tendencia a pronunciar la *a* final como e.

La correcta grafía de la vocal neutra es una de las mayores dificultades que se encuentran al escribir. A continuación se presentan una serie de reglas que nos ayudarán a resolver la cuestión, aunque en algunos casos no hay más remedio que consultar el diccionario o la *Gran Enciclopèdia Catalana*.

a) Al final de la palabra.

1. Los sustantivos masculinos se escriben con e final, y los femeninos, con *a* final.

> *Ej.:* masculinos: *home, llibre, pare, quadre*
> femeninos: *dona, pilota, pota, tarda, estora*

2. Los adjetivos con dos terminaciones siguen la norma anterior; de este modo, se escriben con e final los masculinos, y con *a*, los femeninos.

Ej.: esquerre - esquerr*a*
ample - ampl*a*
negre - negr*a*

3. Hay algunos adjetivos y sustantivos que tienen una sola terminación para ambos géneros. Pueden clasificarse según su terminación.

-a: *belga, persa;*
-aire: *cantaire, dansaire, xerraire;*
-ble: *estimable, perible, feble, adorable;*
-e: *lliure, ferotge, eqüestre, alegre;*
-ne: *immune, solemne, indemne.*

4. Existe un notable número de palabras que, al contrario de la mencionada norma, se escriben en femenino con e final y en masculino con *a*. Generalmente son cultismos que también encontrarán en otras lenguas latinas.

Masculinos con *A*

Agrícola, diaca, indígena, nòmada, titella...
-arca: *monarca, patriarca, tetrarca;*
-cida: *insecticida, homicida, suïcida;*
-ista: *dentista, futbolista, rendista;*
-ma: *cisma, idioma, trauma;*
-ta: *demòcrata, exègeta, patriota.*

Femeninos con *E*

— Palabras comunes: *base, classe, frase, flaire, febre, imatge, llebre, mare, torre, verge.*
— Nombres propios: *Clotilde, Irene, Matilde, Maite.*

— Cultismos: *àgape, calvície, catàstrofe, diàstole, hipèrbole, mol·lície, nàiade, piràmide, sílfide, silície, sístole, superfície.*

5. La vocal neutra final del plural siempre es -e, incluidos los topónimos.

  Ej.: bones, dones, homes, pedres, tardes, Atenes, Banyoles, Begues, Cubelles.

— Observe que, en el momento en que se debe escribir el plural de una palabra, será necesario cambiar, en algunos casos, la grafía de acuerdo con las normas ortográficas.
  Ej.: vac*a* - va*ques*
    aigu*a* - ai*gües*
    plat*ja* - plat*ges*
    ma*ça* - ma*ces*

Existen algunas palabras de plural invariable.

  Ej.: atlas, bòreas, càrdias, càritas, pàncreas.

6. En las conjugaciones verbales se establecerán los dos casos que se indican a continuación:

• La penúltima letra será una e.
  Ej.: tir*es*, tr*enques*, cr*eixer*, ten*iem*, de*ien*.

• La última letra será una *a*.
  Ej.: tir*a*, trenc*a*, teni*a*, dei*a*.

Se excluirán de esta norma:

— Los infinitivos de la segunda conjugación.

   Ej.: caure, vendre.

— Los siguientes imperativos:

   corre, vine, obre, omple.

b) En medio de una palabra.

   Cuando la vocal neutra se encuentra en medio de una palabra, resulta más difícil saber la grafía correcta. Pueden establecerse las siguientes normas de aplicación general.

1. Buscar el origen de las palabras.

Ej.:	
espart	espardenya
fuster	fusteria
mestre	mestratge
clau	clavar
finestra	finestral

2. Comparar con otras lenguas latinas, como el castellano.

Ej.:	
pared	paret
oxígeno	oxigen
pasante	passant
embarcar	embarcar
comentar	comentar
matemático	matemàtic
papel	paper

3. Observe que hay algunas formas verbales que escriben la vocal neutra con *a* o con *e* y que otras alternan la grafía.

Ej.: jaure - jeure
llençar - llançar
néixer - nàixer
fer, faré, faria, fes

4. A continuación se presentan una serie de palabras que no se atienen a las normas explicadas y que convendría tener en cuenta.

- Palabras escritas con e:

afèresi
alcàsser
almogàver
ametista
ànec, ànet
assemblea
cànem
Caterina
cove
crisàlide
eben
efeminat
emparar
Empordà, *Empúries*
enyorar
ermini
escalemera
espàrrec
espitllera
estella
estendard
estergir

Esteve
galàpet
gelea
genísser
javelina
Llàtzer
malenconia
màrfega
meravella
monestir
nedar
orfe
orgue
orguener (pero *organista*)
Piemont
polseguera
punxegut
ràfega
rave
resplendor
sergent
setí

sèver

sometent

tàlem

tàvec

tràfec

treball

vernís

Xúquer

y sus derivados

- Palabras escritas con *a*:

afaitar

ambaixada

arravatar

assassí

avaluar

avaria

banús

davall

davant

latrina

majorana

maragda

ramat (sustantivo)

rancor

sanefa

sarbatana

Sardenya

y sus derivados

Ejercicio 10

Complete los espacios vacíos con e o *a* según corresponda:

En Llàtz_r _stav_ molt m_l_ncònic d'_nyorança. - L'al-
càss_r de Sant Joan era un_ m_r_vella. - El s_rgent
del som_tent duia l'_st_ndard del r_giment. - Var_n
d_tenir l'_ss_ssí de l'_mbaixador. - L'ass_mblea _valuà
els danys de l'av_ria. - S_rdenya és d_vant Itàli_.
L'eb_nista cr_mav_ l_s fust_s que no s_rvi_n. F_ré
n_tejar el mon_stir.

Ejercicio 11

Escriba en los espacios vacíos e o *a*, según corresponda:

✎ D_vant l'hot_l no hi h_via cap guàrdi_. - Sot_ la port_
d_ la cambr_ va trobar una not_ que li d_m_nava
d'_nar a veur_ la ciutat. - El sol r_spl_ndia al cel. - El
viatg_ de tornad_ va éss_r ben f_liç.

O-U (o débil)

En catalán central, se pronuncia como /u/ cualquier *o* o *u* que se encuentre en una sílaba átona. Esta *o* pronunciada como /u/ en una sílaba átona se denomina *o débil*. Para escribirla correctamente se seguirán estas normas:

a) Buscar el origen.
   De manera similar al caso de la vocal neutra, se comprobará cuál es la palabra original donde la *o* débil esté en una sílaba tónica, lo que nos permitirá, por lo tanto, saber si corresponde a una *u* o a una *o*.

   Ej.: gosset - gos
       tossir - tos
       endollar - endoll
       pudir - put
       embogir - boig
       lluminositat - llum

EXCEPCIONES

* Los verbos *poder* y *voler* presentan un cambio de grafía. Se escribe con *o* la *o* débil de todos los tiempos, ex-

cepto el subjuntivo y el imperativo, que se escribirán con *u*.

Ej.: Poder   Voler

podeu...   voleu...
podia...   volia...
pogué...   volgué...
pogut...   volgut...
podràs... voldràs...
p*u*guem... v*u*lguem...
p*u*gueu... v*u*lgueu...

- Existen algunas palabras que no siguen la norma antes mencionada. Son pseudoderivados que proceden directamente de cultismos latinos pero no de palabras catalanas; presentan una *u* átona en el lugar donde el catalán primitivo tiene una *o* tónica.

  Una regla práctica para escribir estos términos correctamente consiste en hallar la palabra equivalente en otra lengua latina.

Catalán primitivo	Derivado catalán	Pseudoderivado latino
boca	boqueta	bucal
corba	corbat	curvatura
doble	doblar	duplicar
home	homenot	humanitat
jove	joventut	juvenil
nodrir	nodriment	nutrició
volcà	volcànic	vulcanisme

b) Cuando una palabra no pueda incluirse en la forma del apartado a), o en sus excepciones, resultará útil conocer la equivalencia en otra lengua latina, como el castellano, con el que a menudo coincidirá.

ferro   hierro
     Josep   José
     circumstància   circunstancia
     sol·licitar   solicitar
     cunyat   cuñado
     domicili   domicilio
     coincidir   coincidir

EXCEPCIONES

A continuación se señalan un conjunto de palabras cuya grafía correcta no coincide con esta norma y puede presentar dificultades.

a) Palabras con *o*:

aixovar	colobra
assortir	conservadorisme
atordir	cònsol
atorrollar	croada
atribolar	embotir
avorrir-se	Empordà
barbollar	escapolir-se
bordell	escodrinyar
Bordeus	escoltisme
Borriana	escopir
botifarra	escrúpol
brúixola	esdrúixol
capítol	fonament
cartolina	furóncol
cíngol	gola
cobrir	governamental

governatiu
Hongria
Joan
joglar
joventut
llúpol
monyó
nodrir
ordir
pèndol
polir
pols, polsar
polvoritzar
rètol
rigorós
robí

roí
Romania
rossinyol
sofrir
sorgir
sospir
tamboret
títol
tolit
tombar
tonyina
torbera
Torí
torró
triomf

b) Palabras con *u*:

anus
ateneu
bufetada
bumerang
butlletí
butxaca
cacau
camafeu
corifeu
correu, correus
escullera
esfistular-se

Estanislau
estiu
europeu
fal·lus
fetus
focus
fòrum
globus
harmònium
Liceu
Menelau
muntanya

muntar
muntès
mussol
nuvi
orfeu
Pireu (el)
Pius
Pompeu
porus
ritu
riu
saurí
sèrum

sinus
subornar
sufocar
supèrbia
suportar
tètanus
Titus
tramuntana
trofeu
turmell
turment
vidu (o *viudo*)

Observe que algunos verbos de la tercera conjugación cambian en ciertos tiempos la grafía de *o* a *u*.

Son los cinco verbos siguientes: *collir, cosir, escopir, sortir* y *tossir*.

Ej.: collir: collíem, colliràs...; cullo, culls...
cosir: cosíem, cosiràs...; cuso, cus...
escopir: escopíem, escopiràs...; escupo, escups...
sortir: sortíem, sortiràs...; surto, surts...
tossir: tossíem, tossiràs...; tusso, tus...

Ejercicio 12

Complete los espacios vacíos con una *o* o una *u* según crea conveniente:

J_ventut, c_llera, m_ntar, esc_llir, p_blicar, f_nament, cr_ada, esc_llera, còns_l, ri_, v_lem, v_lguem, J_aquim, c_riós, r_ssinyol, f_rónc_l, g_vern, _pció, v_lcà, j_venil, s_portar, trofe_, m_ntanya, H_ngria, por_s, s_stenir, b_txaca, t_nyina, text_s, imprevist_s, f_rmar, b_tlletí, t_rró, glob_s, b_tifarra.

Lección 9
B-V

La mayoría de los dialectos catalanes no distinguen la pronunciación entre la *b* y la *v*; tan sólo el baleárico, el rosellonés y algunas hablas del Camp de Tarragona diferencian claramente estos sonidos.

Para escribir correctamente se seguirán las siguientes reglas:

a) Se escribe *b*.

1. Delante de *l* y *r*.
   Ej.: *b*lau, ca*b*le, *b*lindar, *b*londa, *b*roma, ar*b*re, sem*b*rat, *b*rut, *b*rioix.

EXCEPCIONES

Algunas palabras de origen extranjero como, por ejemplo, *Vladimir.*

2. Detrás de *m*.
   Ej.: em*b*enar, am*b*re, am*b*.

Algunas palabras compuestas: *tramvia*, *triumvir*.

3. Cuando en la misma familia de palabras, dicha *b* corresponda a una *p*.

   Ej.: llo*p* - llo*b*ató
     ca*p* - ca*b*ota

NOTA

Tal como sucedía en el caso de la *o* débil, existen algunas palabras de una misma familia escritas con *b* que tienen algunos falsos pseudoderivados procedentes directamente del latín escritos con *v*.

Catalán	*Derivado*	*Pseudoderivado*
*b*erruga	a*b*errugat	*v*errucària
cal*b*	cal*b*a	cal*v*ície
cor*b*	cor*b*at	cur*v*atura

b) Se escribe *v*.

1. Detrás de *n*.

   Ej.: can*v*i, min*v*ar, in*v*adir.

2. Cuando en la misma familia de palabras, dicha *v* corresponda a una *u*.

   Ej.: ne*u* - ne*v*ar
     me*u* - me*v*a
     escri*u*re - escri*v*ent
     plo*u*re - plo*v*ia

sèu - sebífer

3. En el final del pretérito perfecto de indicativo de todos los verbos de la primera conjugación *(-ar)*.

   Ej.: parlava, parlaves, parlàvem, parlàveu, parlaven.

NOTA

Al igual que sucedía con la *b*, hay palabras de una misma familia que se escriben con *v* y otras que derivan directamente del latín que se escriben con *b*.

Catalán	Derivado	Pseudoderivado
cervell	cervellet	cerebral
deure	devia	dèbit
moure	moviment	mòbil
savi	saviesa	sabent
provar	provador	probabilitat

En los demás casos que no se adapten a estas normas, puede confiarse en la escritura de otras lenguas latinas. Fíjese en las palabras más frecuentes de las siguientes listas.

a) Palabras con *v*:

advocat
alcova
almadrava
almívar
Anvers (ciudad)

arravatar
arrova
avall
avarca
avet

avi
avorrir
avortar
bava
bevem, etc.
canvi
caravel·la
cascavell
cavalcar
cavall
civada
Còrdova
covard
crivellar
devem
endívia
envestir
escovilló
escrivà
escrivim, etc.
espavilar
Esteve
esvelt
fava
galvana
gavany
gavardina
gavatx
gavarra
gleva
govern

gravar
L'Havana (ciudad)
haver
javelina
llavi
núvol
pavelló
prevere
raval
rave
rovell
savi
savina
Savoia
serva
sèver
sivella
tàvec o tavà
taverna
tovera
travar
trèvol
vaixell
vedell
vermelló
vernís
voga
vogar
volta (arquitectura)
voltor
vora

b) Palabras con *b*:

aca*b*ar	*b*ufeta
Àla*b*a	cal*b*, cal*b*esa
arri*b*ar	com*b*oi
*b*af	cor*b*
*b*aró	de*b*anar
*b*asc	desim*b*olt
*b*eina	mò*b*il
*b*ena	Ner*b*ion
*b*erbena	o*b*lidar
*B*ergara	pa*b*orde
*b*erruga	re*b*entar
*b*esllum	re*b*olcar
*b*iga	ri*b*a
*b*illó	sa*b*a
*B*iscaia	sa*b*ó
*b*ivac	Sèr*b*ia
*b*olcar	tre*b*allar
*b*oleiar	tro*b*ador

Ejercicio 13

Escriba correctamente las siguientes palabras:

✎ Cantaba, beina, boina, comboi, canbi, minbada, lloba, bèstia, nebar, bleda, bent, bona, brama, treball, saber, dèbit, mòbil, cabota, probaba, escribia, trambia, calba, aborrir, sabi, bermell, abi, l'Habana, gabardina, núbol, baba, bambú, cable, obrer, cerbell, Córdoba, caravel·la, haver, meva, tuveria, emvenar, movilitat, cavall, reventar, corva, verbena, ovlidar, arvre, marvre, convidar, govern, savó, vasc, vivac, varó.

B-P finales

Al final de sílaba los sonidos *b* y *p* se confunden y resulta difícil saber cuál es la grafía correcta que debe usarse en cada caso. Siguiendo estas normas podrá distinguirlos correctamente.

Se estudiarán tres casos, dependiendo de si son prefijos o sufijos, o bien de si forman propiamente parte de la palabra.

a) Al inicio de una palabra.

1. Se escribe *b* en las sílabas *ab-*, *ob-* y *sub-*.

   Ej.: *ab*dominal, *ob*stacle, *sub*sòl, *sub*ratllar.

EXCEPCIONES

Las siguientes palabras y sus derivados;
apnea, àpside (pero *ubside*), *apte, àpter, aptot, opció.*

2. Se escribe *p* en la sílaba *cap-*.

   Ej.: *cap*davanter, *cap*çal, *cap*çó.

Cabdal y *cabdell.*

b) En medio de la palabra.

1. Se escribe *b* delante de *d*.
   Ej.: he*b*domadari, A*b*dó.

2. Se escribe *p* delante de *c, n, s, t*.
   Ej.: corru*p*ció, hi*p*nosi, asè*p*sia, reca*p*te.

Excepciones

Dissabte, dubte, sobte y sus derivados.

c) Al final de palabra.

1. Después de vocal.
   Se escribe generalmente *p*, aunque algunos derivados de la misma familia presenten *b*.

   Ej.: Feli*p*, maci*p*, po*p*
       llo*p* - llo*b*a
       sa*p*s - sa*b*er

Excepciones

Las palabras acabadas en -*fob* o -*síl·lab* se escribirán con *b* en todos los casos.
   Ej.: hidrò*fob*, monosíl·la*b*.

También se escribirán con *b* las siguientes palabras: *adob, aljub, àrab, baobab, carib, club, cub* (pero *cup*), *esnob, gàlib, Jacob, nabab* y *tub*.

2. Después de consonante.

Se escribe *b* o *p* según sean sus derivados.

Ej.: ver*b* - ver*b*al
    cor*b* - cor*b*a
    trom*b* - tom*b*ar
    tal*p* - tal*p*era

NOTA

Observe que también se escriben con *b* las siguientes palabras: *amb, alarb, barb, rumb* y *torb*.

Ejercicio 14

Rellene los espacios con *b* o *p*, según corresponda:

El ca_taire sa_ que no hi ca_. - La festa àra_ de dissa_te em va agradar. - És un dia ò_tim per su_mergir-se. - Els homes corru_tes no poden co_sar la su_til pau del cam_. - Va du_tar abans d'a_dicar. - Les ser_s mengen tal_s. - El nostre rum_ va fer un tom_. - L'alju_ era cor_.

D-T finales

Los sonidos *d* y *t* al final de sílaba son muy similares, lo que dificulta su escritura.

Veamos, a continuación, las normas de escritura de cada letra según la sílaba en que se encuentre dentro de la palabra.

a) Al inicio de la palabra.

1. La sílaba *ad* se escribe con *d*.

Ej.: *ad*jectiu, *ad*junt, *ad*scriure, *ad*vocat.

Se escriben con *t* las siguientes palabras y sus derivados: *atlántic, atlas, atmosfera, atleta, atxa.*

Se escriben con *t* las palabras que comiencen con *atz-*.

Ej.: *atz*ar, *atz*avara, *atz*embla, *atz*ucac.

2. Se escriben con *t* el resto de las palabras.

Ej.: è*t*nic, co*t*na, me*t*ge, so*t*metre.

Una excepción de esta regla es la palabra cadmi.

b) En medio de palabra se escribe t.
  Ej.: espatlla, ametlla, viatge.

La palabra equídnid es una excepción.

c) Al final de la palabra generalmente se escribe t.
  Ej.: prat, brut, perdut, sant, alt, malalt, tenint, morint.

EXCEPCIONES

1. Se escribe d detrás de consonante en aquellas palabras agudas cuyos femeninos y derivados presentan d.
  Ej.: esguard   esguardar
       bastard   bastarda
       perd   perdre
       profund   profunditat
       ràpid   rapidesa
       tard   tardor

NOTA

Observe que, a pesar de *grandesa, grandària,* etc., se escribe *gran.*

También se escriben con *d* final las siguientes palabras: *addend, augend, baiard, bard, babord, baluard, card, dard, dividend, estendard, estribor, gland, lord, lleopard, multiplicand, minuend, nard, nord, subtrahend, sumand, tord*.

2. Se escribe *d* después de vocal en las palabras llanas cuyos femeninos y derivados la incluyan.

Ej.: plàci*d*   placi*d*esa
      retrògra*d*   retrògra*d*a
      òxi*d*   oxi*d*ar
      àci*d*   aci*d*esa

También se escriben con *d* las palabras: *anèlid, anhídrid, aràcnid, àspid, bòlid* (pero *bòlit*), *lemúrid, lepòrid*.

3. Las palabras femeninas acabadas en *-etud* o *-itud* se escriben con *d* final.

Ej.: quie*tud*, soli*tud*, habi*tud*.

También se escriben con *d* final las palabras: *alcaid, aldehid, almud, caid, fluid, fred, quid, sud*.

Ejercicio 15

Rellene los espacios con *t* o *d*, según corresponda:

✎   Vera_, absur_, estribor_, a_junció, ju_ge, a_missió, pla_ja, a_zembla, a_jectiu, desacor_, nor_, fre_, a_mosfera, víme_, heral_, miran_, a_herir, gallar_, ari_mètica, baluar_, treien_, alcai_, so_metre, peti_, menu_.

Lección 12
C-G finales

Los sonidos de las letras *c* y *g*, al final de sílaba, se confunden a menudo con el sonido /K/. Para identificar correctamente cada una de estas letras es útil guiarse por las siguientes normas:

a) Se escribe *c* delante de *c, t, s, z*.

    Ej.: accionar, activitat, facsímil, èczema.

b) Se escribe *g* delante de *m, n, d, g*.

    Ej.: augment, agnòstic, amígdala, suggerir.

EXCEPCIONES

Se escriben con *c* las siguientes palabras: *anècdota, acme, acné, aràcnid, dracma, estricnina, icnèumon, icnogràfic, icnològic, sinècdoque, tècnic.*

c) Al final de la palabra se escribe generalmente *c*.

    Ej.: sac, pessic, drac, càrrec, lloc, fresc, fàstic, feixuc, parrac, arc.

1. Se escribe la letra g, en lugar de c, detrás de consonante en todas aquellas palabras cuyos femeninos y derivados la incluyan.

Ej.: sang   sangonós
     càstig   castigar
     alberg   albergar
     llarg   llargada

Existen una serie de palabras que, a pesar de que tengan derivados o femeninos con la letra g, se escriben con la letra c. Estas son las siguientes: *ànec, aràbic, càvec, espàrrec, fàstic, feréstec, llòbrec, mànec, préssec, rònec, ròssec* y *túixec.*

2. Se escribe g detrás de vocal en las palabras acabadas en *-fag, -fug* y *-leg.*

Ej.: sarcò*fag,* centrí*fug,* prò*leg.*

Y en las siguientes palabras: *aeròpag, buldog, cartílag, càstig, demagog, estrateg, grog* (bebida), *hidragrog, mucílag, nàufrag, ossífrag, pedagog, pèmfig, pròdig, tussílag.*

3. Se escribe g detrás de consonante en las palabras: *areng, burg, exerg, míting, pigarg, rang, reng.*

Ejercicio 16

Las palabras siguientes se han escrito deliberadamente con g; sustituya con c las g erróneas:

Nàufrag, burg, agcedir, dragma, amígdala, sarcòfag, llog, drag, agtiu, tègnic, llarg, pròdig, biòleg, míting, càstig, fresg, agcedir, digcionari, rang, aràgnid, fragment, agcent, digne, maragda.

Lección 13
El sonido palatal (G-J)

El sonido palatal sonoro se escribe en catalán con dos letras: *g* y *j*.

A continuación se presenta en qué caso será necesario utilizar una u otra.

a) Se escribe *g* delante de e, i.

> *Ej.*: geni, gimnàs, Girona, gegant, angina, tragí, gelar, germà, gent.

EXCEPCIONES

Se escriben con *j*:

1. Los grupos -*jecc*- y -*ject*.

> *Ej.*: objecte, objecció, interjecció, adjectiu, abjecte.

2. Las siguientes palabras: *jeia, jeure, jerarquia, jeroglífic, jejúnum, jersei, majestat*, y sus derivados.
3. Los nombres propios hebreos.

> *Ej.*: Jesús (y jesuïta), Jeroni, Jeremies, Jerusalem, Jehovà.

b) Se escribe *j* siempre delante de *a, o, u*.

   Ej.: plat*j*a, *j*oc, *j*uvenil, *j*ardí, *j*utjar, a*j*ut, *J*aume.

NOTA

Observe que las palabras con *-ja* final en el singular o en un verbo se convierten en *-ges* en plural o al conjugar dicho verbo.

   Ej.: plat*j*a - plat*g*es
        trepit*j*ar - trepit*g*es
        enve*j*a - enve*g*es

Ejercicio 17

Sustituya los espacios con *j* o *g*, según convenga.

Con_elar, _eganta, tra_ecte, ma_estat, trosse_ar, _ove, in_ecció, _eremies, _oia, fa_eda, sut_e, _eniva, so_orn, _ersei, prodi_i, biolo_ia, _ut_at, _erani, sub_ecte.

Lección 14
El sonido palatal sordo (X-IX)

El catalán tiene, como el francés *chien* o el inglés *sherlock*, un sonido palatal sordo.

Se representará mediante *x* o *ix* según las normas siguientes:

a) Se escribe *x*:

1. Al inicio de palabra, detrás de consonante o bien detrás de *i*.

   Ej.: Xina, xarel·lo, xofer, Xènius, punxar, guerxo, torxa, guix, clixé.

2. Detrás de *u* cuando es la última vocal de un diptongo (*u* semivocal).

   Ej.: disbauxa, rauxa.

b) Se escribe *ix* detrás de *a, e, o, u* (siempre que la *u* no esté incluida en el caso anterior).

   Ej.: faixa, feix, foix, fluix, peix, moixa, calaix, caixa, maduixa, feixa.

Ejercicio 18

Escriba correctamente las siguientes palabras:

✎ Xauixa, bruixa, Txina, calaix, Carcaxent, grux, luixe, pla-
nixa, fexa, cuixa, punxar, ixocolata, tsicra, xeflis, xano-
ixano, disbauixa.

Lección 15
El sonido africado sordo (IG-TX)

El catalán tiene un sonido propio africado sordo, que puede escribirse de dos formas: *ig* o *tx*.

Este sonido corresponde a palabras como: *maig, raig, cartutx, despatx, botxa.*

En medio de la palabra no presenta problemas, pues se escribe siempre *tx*, pero al final puede crear cierta confusión. Las normas para escribir este sonido correctamente son las siguientes:

a) Se escribe *ig* detrás de *a, e, o, u.*

Ej.: *faig, lleig, boig, fuig.*

b) Se escribe *g* detrás de *i.*

Ej.: *mig, desig.*

Observe que, en el apartado a), la *i* que acompaña a la g no suena, es muda; por el contrario, en el apartado b), forma una sílaba sonora con la g posterior.

c) Se escribe *tx* al final de la palabra en un número reducido de términos que pueden clasificarse según acaben en: *-atx, -etx, -itx, -utx.* A continuación, se presentan las principales palabras de este tipo:

> *-atx:* Andr*atx*, desp*atx*, emp*atx*, gav*atx*, m*atx*, t*atx*;
> *-etx:* campe*tx*, escabe*tx*;
> *-itx:* bol*itx*, capr*itx*, càrr*itx*, Cost*itx*, esqu*itx*, Felan*itx*, past*itx*, sandv*itx*, tsarev*itx*;
> *-utx:* cart*utx*, fal*utx*, Fornal*utx*, sacab*utx*.

Las palabras derivadas de las anteriores también conservan en la escritura el dígrafo *tx*.

Ej.: car*tutx*   car*tutx*era   car*tutx*am
     desp*atx*   despa*txar*   despa*txem*
     esqu*itx*   esqui*txar*   esqui*tx*ada

Ejercicio 19

Corrija las siguientes palabras para que estén correctamente escritas:

> Sandvig, despaig, plantxa, desitx, botx, coige, mitg, ormeg, tatxar, mag, fatx, esquitx, desig, puig, lletx, fletxa.

El sonido africado sonoro (TG-TJ)

Las palabras derivadas de la terminación *-ig* presentan un sonido sonoro que se escribe mediante *j* o *g*, o con *tj* o *tg*, cuando es africado. Para escribir correctamente este sonido africado sonoro hay que recordar brevemente las normas explicadas en la lección 13.

a) Se escribe *tj* cuando va seguida de las vocales *a, o, u*.

Ej.: trepi*g* - trepi*tj*ar; trepi*tj*o
lle*ig* - lle*tj*a

b) Se escribe *tg* cuando va seguida de las vocales *e, i*.

Ej.: trepi*g* - trepi*tg*es; trepi*tg*i
mi*g* - mi*tg*es

Existen otras palabras que tienen este sonido propio.

Ej.: me*tg*e, pla*tj*a.

Observe la diferencia entre el sonido africado sordo y el sonoro. En el primer caso, es un sonido equivalente a la *ch* castellana; en el segundo, corresponde propiamente a dos sonidos.

Cuando sea necesario separar las sílabas, la *t* formará sílaba aparte con la vocal precedente, mientras que la *g* o la *j* lo harán con la vocal posterior.

Sonido africado sordo	Sonido africado sonoro
me*tx*es (mechas)	me*tg*es (médicos)
bo*tx*a (juego)	bo*tj*a (planta)

Observe que, en el primer caso, se pronunciará el dígrafo *tx* en un solo sonido; en el segundo, habrá que pronunciar propiamente met-*g*es o bot-*ja*.

Ejercicio 20

Rellene los espacios con las letras que correspondan:

El ma_ de dissabte va acabar amb empat a dos. - El mes de ma_ anirem a menjar sandvi_os al Pu_ farinós. - Va_ fer un ta_ d'aquelles sardines en escabe_ i vaig agafar un empa_. - Surt del mi_ o rebràs una cartu_ada. - El me_e va venir a visitar els malalts amb co_e. - El meu desi_ és que no trepi_is l'orme_ de pescar. - No esqui_is, que se'm farà un bon pasti_o.

La ele geminada (l·l)

En catalán, como en latín o italiano, existe un sonido doble de la *l*, diferente del sonido palatal de *ll*, como en la palabra *palla* o *gralla*, que se escribe mediante dos *l* separadas por un punto: *l·l*. Este sonido corresponde al del italiano *allegro* o *nella*.

Por influencias ajenas al idioma, cuesta distinguir el sonido de la *l* geminada del sonido de la *l* simple, por lo que la escritura correcta de este sonido vendrá dada por una correcta pronunciación.

Resultará útil recordar las palabras de uso más corriente que figuran en esta lista.

a) Palabras con el·l.

aquarel·la	fregatel·la
bagatel·la	frisel·la
caravel·la	fumarel·la
carretel·la	Marcel·la
cel·la	mortadel·la
coccinel·la	nel·la
ficel·la	novel·la
franel·la	ombrel·la

parcel·la
particel·la
passarel·la
pastorel·la
predel·la
puel·la
radicel·la
salvatel·la

tarantel·la
tunicel·la
turbinel·la
umbrel·la
varicel·la
vitel·la
vorticel·la
xinel·la

b) Palabras con col·l.

*col·*laboració
*col·*lació
*col·*lador
*col·*lapse
*col·*lateral
*col·*lectici
*col·*lectiu
*col·*lector
*col·*lega
*col·*legiata

*col·*lidir
*col·*lineal
*col·*lisió
*col·*locació
*col·*locar
*col·*locutor
*col·*loqui
*col·*lotge
*col·*ludió
*col·*lusió

c) Palabras con il·l.

*il·*lació
*il·*legal
*il·*legítim
*il·*lès
*il·*liberal
*il·*lícit
*il·*limitat
*il·*liri

*il·*literari
*il·*lògic
*il·*luminar
*il·*lús
*il·*lusió
*il·*lustració
*il·*lustre

d) Palabras con mil·l.

mil·lenari   mil·ligram
mil·lèsim   mil·lilitre
mil·liar   mil·límetre

e) Palabras con síl·lab.

bisíl·lab
monosíl·lab
trisíl·lab

f) Y las siguientes palabras:

afal·lerar-se   cal·litracàcia
agàl·loc   cancel·lar
amaril·lis   capil·lera
ampul·la   capil·liri
ampul·lós   cariofal·làcia
anul·lar   cavil·lar
apel·lar   cèl·lula
Apol·lo   cel·luloide
argil·lífer   cel·lulosa
argil·lita   cerebel·lós
armil·la   cianofil·la
aspergil·làsia   ciríl·lic
axil·lar   clorofil·la
bacil·lar   codicil·lar
bèl·lic   coral·lí
bel·ligerància   corol·lari
beril·li   crisoberil·le
calcofil·lita   crisocol·la
cal·ligrafia   crisofil·la

cristal·lí

cucul·liforme

debel·lar

decol·lació

desil·lusió

destil·lar

el·làgic

el·lèbor

el·lipsi

emol·lient

empal·liar

empal·lidir

equipol·lent

escil·la

estel·lar

estel·lionat

estil·lació

excel·lent

expel·lir

fal·laç

fal·làcia

fal·lera

fal·lible

fal·lus

fel·lació

fel·loderma

fibril·la

ficel·la

fil·lodi

fil·loide

fil·loxera

flabel·lífer

flagel·lar

fol·licle

frigíl·lid

gal·la

gal·lès

gal·li

gal·licisme

gal·linari

Gal·lípoli

gibel·lí

glocicol·la

glumel·la

glumèl·lula

hel·lènic

helvel·làcia

heterofil·la

hidrofil·làcia

hipòal·lage

hipsofil·le

idil·li

imbecil·litat

impel·lir

infal·lible

instal·lació

instil·lar

intel·lecte

intel·ligència

intel·ligible

interpel·lar

lamel·la

lamel·libranqui

libèl·lula

lil·liputenc

lul·lià

mal·leable
mamil·la
medul·la
mel·lifer
mel·liflu
metàl·lic
metal·lúrgia
mol·lície
mol·lusc
oscil·lar
pal·ladí
pal·li
pal·liar
pal·lidesa
papil·la
paracorol·la
paral·laxi
pirogal·lo
pol·len
pol·licitació
pol·lució
postil·la
procel·lària
procel·lós
propel·lí
pul·lular
pulsatil·la
pupil·la
pusil·lànime
putxinel·li
rebel·lia
recol·lecció
refocil·lar

revel·lir
sabil·la
satèl·lit
sigil·lar
síl·laba
sil·lepsi
sil·logisme
sinal·lagmàtic
sol·licitar
sugil·lació
tabel·lari
tabel·lió
tal·li
tal·lòfita
tal·lus
taral·là
taral·larejar
taral·lejar
taral·lirot
tel·le-tol·le
tel·lur
tesel·la
til·la
trebel·liàmica
trifil·la
vacil·lar
vel·leïtat
verticil·lastre
vexil·lari
vil·la (pero vila)
vil·là
violoncel·lista

Ejercicio 21

Escriba correctamente las siguientes palabras:

Balet, vacilar, anguil·la, porcel·lana, molusc, pàlid, bèl·lic, cèlula, cèl·lebre, pel·lícula, milímetre, exil·li, beril·li, xarelo, bal·larina, destilar, il·lògic, fil·latèlia, il·lusió, paralel, col·lecció, monosíl·lab, el·lipsi, fal·lera, medula, sil·logisme, ombrella, varicela, ilustre.

Lección 18
Las consonantes mudas (H): I

La letra *h (hac)* tenía antiguamente un valor fonético: señalaba que la vocal posterior era aspirada. Actualmente se mantiene en catalán por respeto a la etimología.

El uso de esta consonante muda permanece, casi siempre, en los mismos casos que en otras lenguas latinas, como el castellano.

Catalán	*Castellano*
himne	himno
hàbil	hábil
herba	hierba
hipopòtam	hipopótamo
home	hombre
haver	haber
història	historia
heroi	héroe
huracà	huracán

No obstante, existen algunas palabras que no presentan esta equivalencia.

Observe la diferencia en las palabras de las siguientes listas.

a) Palabras con *h*:

a*h*ir	*h*issar
*h*am	*h*ivern
*h*amartritis	sub*h*asta
*h*armonia	subtra*h*end
*h*endeca	

b) Palabras sin *h*:

avui	orfe
bramant	orxata
cacauet	os
coet	ou
Ermenegild	truà

<small>NOTA</small>

En algunos casos en que nombres de origen extranjero principalmente inglés, han pasado al catalán actual, la *h* puede conservar su valor fonético.

Esta *h* aspirada se utiliza en palabras como: *hoquei, hall, Hilton.*

También se conserva la *h* aspirada en algunas onomatopeyas.

Ej.: ha ha ha!, ehem!

Existen algunas palabras que tienen origen extranjero han conservado hasta nuestros días el sonido de la *h* aspirada.

Ej.: halar (comer).

Ejercicio 22

Transcriba correctamente el siguiente texto prenormativo:

✎ Prescindint de ressenyar fets prou coneguts y cuydadosament referits en obres especialistes (n. 1621), consignarèm que murallas, baluarts, casas, monastirs, capellas, edificis públichs, tot lo que entrava dintre la area senyalada per Verboom en lo barri de la Ribera, aná a terra. L'únich monument que quedà en peu, com recort perdurable del troç de Ciutat desapareguda, fóu la torra de Sant Joan de les murallas, situada enfront del monastir de Santa Clara. Reclosa dintre l'edifici militar transvalsada exterior y interiorment, dexant-la desconeguda, esdevingué una de les presons militars més renomenades de Barcelona y de trista recordació.

Las consonantes mudas: II

Además de la *h* existen otras consonantes que no se pronuncian a pesar de escribirlas; esto ocurre sobre todo en el catalán oriental.

a) La *r*.
La letra *r* al final de la palabra es siempre muda en baleárico y casi siempre en el resto del catalán oriental. De este modo, observe que serán mudas las *r* de las terminaciones de infinitivo.

Ej.: dir, créixer, venir, pertànyer, trencar.

Sin embargo, la *r* se pronuncia cuando el verbo va seguido de un pronombre.

Ej.: estimar-te, portar-la.

También es muda la primera *r* de: prendre, aprendre, comprendre, arbre.

Observe que hay algunas palabras en las que se pronuncia la *r* final.

Ej.: mar, cor, car, motor, bar.

b) La s suele ser muda en los pronombres: aquest, aquests.

c) La *t* suele ser muda cuando forma parte del grupo de dos consonantes finales *-nt* y *-lt*.

   Ej.: ajuntame*nt*, cale*nt*, sa*nt*, difere*nt*, mala*lt*, mo*lt*, ta*nt*.

   Observe que esto sucede siempre en los gerundios verbales.

   Ej.: teni*nt*, veie*nt*, canvia*nt*, guanya*nt*.

   En algunos casos, cuando la palabra que sigue a otra acabada en *t* muda empieza por vocal o cuando presenta pronombres afijados, la *t* se pronuncia. Este fenómeno se denomina *sensibilización*.

   Ej.: Sa*nt* Antoni, Sa*nt* Andreu, Fo*nt* Alta, afegi*nt*-hi, escri-vi*nt*-ho.

d) Cuando se encuentran tres consonantes al final de la palabra, la última de las cuales es una s, la consonante intermedia enmudece.

   Ej.: te*mp*s, fo*nt*s.

e) En los grupos *-mb* o *-mp*, enmudecen la *b* o la *p* respectivamente.

   Ej.: a*mb*, ca*mp*, co*mp*te.

Ejercicio 23

Señale las consonantes y las vocales mudas en las siguientes frases:

Amb aquest temps no hi haurà clients. - El mar estava molt encalmat i vàrem hissar el velam. - Aquest billet de tren és correcte. - L'home que es va plànyer era baix. - Fuig corrents o t'atraparan. - Comença per tenir-ho tot preparat. - El camp de Sant Andreu era blanc com el paper perquè havia estat nevant des de migdia. - No cal dir-ho.

Lección 20
Los sonidos sonoro y sordo (S, SS, C, Ç, Z)

En catalán, la letra s puede representar dos sonidos, denominados s *sonora* y s *sorda*.

El sonido de la s *sonora* corresponde a un sonido fuerte de la s, fricativo, que se encuentra, normalmente, en otras lenguas latinas, como el francés o el italiano pero no en castellano.

Puede escucharse el sonido sonoro en las palabras: quasi, desembre, pèsol, mesos.

El sonido sordo corresponde a un sonido suave de la s, como la s castellana de: lesión, ocasión, causa.

Este sonido sordo se encuentra en diferentes palabras catalanas.

Ej.: associar, massa, gossa.

En estos ejemplos se han representado el sonido sonoro mediante s, y el sordo, con ss; sin embargo, se verá que estos sonidos también pueden escribirse, según los casos, con otras grafías. Así:

— el sonido sonoro: s, z;
— el sonido sordo: s, ss, c, ç.

He aquí ejemplos de cada caso:

— Sonido sonoro.

Ej.: magatzem, zebra, zona, dotze, rosa, rapidesa.

— Sonido sordo.

Ej.: soca, gras, premsa, nassos, bassa, cirera, cacera, cançó
falç, forçut.

Es importante aprender a distinguir el sonido sordo del
sonoro. Observe la diferencia entre las palabras de la co-
lumna izquierda (sordo) y las de la derecha (sonoro).

Sonido sordo	*Sonido sonoro*
cel (cielo)	zel (celo)
cinc (cinco)	zinc (cinc)
caçar (cazar)	casar (casar)
raça (raza)	rasa (zanja)
salsa (salsa)	salze (sauce)
abraçar (abrazar)	abrasar (abrasar)

Una vez captada la diferencia entre estos dos sonidos
se presentan las normas de escritura para cada caso.

a) *Sonido sonoro*

1. Entre vocales se escribe s.

Ej.: cisa, cosa, pisos, llestesa.

EXCEPCIONES

Se escribe z en los siguientes casos:

— Nombres de origen hebreo.

    Ej.: Ezequiel.

— Palabras acabadas en: *-zoic, -zou, -zoide, -zoari*.

    Ej.: -zoic: paleo*z*oic, meso*z*oic
      -zou: proto*z*ou, espermato*z*ou
      -zoide: espermato*z*oide, ri*z*oide

— En las siguientes palabras: *amazona, apòzema, azalea, àzim, azimut, azot, bizanci, coniza, coriza, esquizofrènia, hilozoisme, nazi, osmazom, ozena, ozó, piezòmetre, rizòfag, rizoma, rizotònic, sizígia, topazi, trapezi.*

2. Al inicio de palabra y detrás de consonante siempre se escribirá *z*.

    Ej.: zero, zèfir, alzina, atzavara, horitzó, Natzaret.

Se escribe s detrás de consonante en las palabras compuestas con las partículas *fons, dins* y *trans*.

    Ej.: en*fons*ar, en*dins*ar, *trans*itar.

NOTA

Existen palabras que deben pronunciarse con sonido sonoro pero que, en catalán central sobre todo, se dicen erróneamente con un sonido sordo.

    Las siguientes palabras del listado se pronuncian con sonido sonoro:

adhesió
Alzira
anàlisi
Anastasi
anestèsia
apoteosi
aranzel
Àsia
asil
basalt
bàsic
basílica
Camarasa
Casilda
Casimir
casino
casos
centèsim
Cèsar
cohesió
col·lisió
concisió
corrosió
cosac
crisi
decisió
desídia
diapasó
diòcesi
disenteria
divisor
dosi
eclesiàstic

enèsim
entusiasme
episodi
Eusebi
exclusió
Ezequiel
fase
frase
Freser
fusible
gasa
gaseta
geodèsia
hipòtesi
icosàedre
idiosincràsia
inclusió
infinitesimal
irrisió
lesió
magnèsia
Manises
mausoleu
medusa
metamorfosi
mil·lèsim
misantrop
musa
museu
musulmà
nasal
Nicasi
oasi

obesitat
Onèsim
paisatge
països
paràfrasi
paràlisi
paràsit
parèntesi
persuasió
piezòmetre
plausible
presagi
presumpte
prosàpia
prosèlit
prosòdia
prosopopeia

pusil·lànime
residu
rizòfag
salesià
Sinesi
síntesi
tesi
tisi
Tomasa
topazi
tuberculosi
zebra
zèfir
zel
zona
zoologia

b) Sonido sordo

Como ya se ha indicado, el sonido sordo puede representarse mediante cuatro grafías diferentes: *s, ss, c, ç.*

1. Se escribe s:

— Al principio de palabra.

   Ej.: sola, soca, sínia.

— Al final de la palabra.

   Ej.: gos, pis, gras.

— En medio de la palabra, entre consonante y vocal (o al revés).

   Ej.: ca*ns*ament, bè*s*tia, fe*s*ta, bor*s*a.

2. Se escribe *ss* entre dos vocales.

   Ej.: mi*ss*a, to*ss*ir, ve*ss*ar, a*ss*alt.

Se escribe una sola *s* y no *ss*:

— En diferentes palabras compuestas.
   Ej.: psicosomàtic, fotosíntesi, vivisecció.

— En palabras compuestas con guión.
   Ej.: para-sol, cama-sec, penya-segat.

— En las palabras compuestas con los siguientes prefijos:

a- (privativo): asincronisme
ante-: antesala
anti-: antisèptic
bi-: bisectriu
contra-: contrasentit
di- (duplicativo): disèpal
entre-: entresòl
hendeca-: hendecasíl·lab
hipo-: hiposulfat
mono-: monosèpal
para-: parasimpàtic
poli-: polisulfur
sobre-: sobresortir
supra-: suprasensible
tetra-: tetrasíl·lab
tri-: trisecció
uni-: unisexual

3. Se escribe *c* delante de *e, i* por razones etimológicas, como hacen otras lenguas latinas.

Ej.: ceba, cacic, precís.

4. Se escribe *ç* delante de *a, o, u* y al final de palabra.

Ej.: caça, feliços, forçut, falç.

También se escribe *ç* en las palabras formadas con los sufijos *-ança* y *-ença,* y en los adjetivos acabados en *-aç, -iç* y *-oç.*

Ej.: recança, tinença, audaç, feliç, veloç.

Observe que las palabras *dansa* y *pensa* no se escriben con ç porque no se consideran formadas con sufijos.

A continuación se señalan toda una serie de palabras que es necesario escribir con ç:

Açores (les)	caçar
agençar	Calassanç
alçar	calç
amenaçar	calça
arboç	calçar
arç	calçot
Argençola	cançó
avançar	capça
avenç	Capçanes
balanç	Castellterçol
boç	ço
braç	Coblença
ça	començar
cabeça	comerç
caça	Corça

dolç
dreçar
encalçar
eriçó
escorç
escorça
escurçar
esmerçar
esquinçar
estruç
faç
faiçó
falç
Flaçà
força
França
francmaçó
glaç
jaç
llaç
llança
Llançà
llenç
Lliçà
lliçó
lluç

Lluçà
Lluçanès
maça
Maçana (la)
Maçanes
Maçanet
mançanilla
març
Marçà
Moçambic
Niça
novençà
peça
pedaç
pinça
plaça
plançó
puça
raça
Ronçana
terç
torçar
traç
unça
variça

También hay una serie de palabras que, como en el caso del sonido sonoro, se pronuncian erróneamente. He aquí una lista:

abcissa
Brussel·les
compromissari
discussió
dissertar
dissident
dissoldre
etcètera
excessiu

falcia
frontissa
gessamí o llessamí
messies
premissa
Valldemossa
velocitat
vicissitud

Las razones etimológicas de la escritura de c o de ç hacen que, a menudo, su presencia en catalán se corresponda con otras lenguas latinas. Algunas palabras, principalmente de origen árabe, no presentan esta correspondencia. He aquí una lista de las principales:

Ademús
agràs
Albarrassí
alcassaba
alcàsser
alferes
Algesires
Almansur
Andalusia
arcanús
arrebossar
arrissar
arròs
assot
Assov (mar d')
assut
assutzena

asteca
atzarola
atzembla
atziac
àzim
azimut
banús
basa
basar
Belzebub
benzina
bescuit
besnét
Biserta
borseguí
botzina
bronze

bus
cabàs
cadars
Càdis
cafís
calabós
camussa
canemàs
capatàs
carrossa
cartipàs
cassola
Còrsega
corser
cuirassa
cuscús
dansa
destrossa
disfressar
donzella
drassana
Eivissa
enzim
esbós
escaramussa
escarsella
esquerre
Euskadi
Fes
garsa
gasela
gaseta
gaspatxo

genísser
gessamí o llessamí
hissar
Ignasi
lapislàtzuli
llapis
masmorra
massapà
masurca
matís
matràs
Mequinensa
mesquí
mesquita
monsó
Montsó
mossó
mostassa
orsa
panís
pinsà
pinzell
pissarra
pòlissa
pretensiós
quars
regalèssia
ris
rossí
sabata
safanoria
safareig
safata

safir
safrà
saga
sagal
salpar
samarra
sancallós
sanefa
Saragossa
sarbatana
Sardenya
sarró
sarsa
sarsuela
saurí
sedàs
sentinella
senzill
sequí
sèquia
serraller
sèver
simbomba
simitarra
soc
sòcol

sofre
sotsobrar
sucre
Suda
sumac
surra
tamís
tapís
tassa
tossut
tramús
tros
vernís
vescompte
Vinaròs
xerès
Zambesi (río)
zebra
zèfir
zel
zenit
zero
zigoma
zinc
zitzània

Ejercicio 24

Escriba correctamente las palabras mal escritas en las siguientes frases:

El casador va tornar a caza seva pel camí de la cèquia. - Durant el mes de mars floreixen els llesamins que després ceguem a cops de fals. - Un cop rebuda l'adhesió dels mussulmans es va dissoldre la manifestació. - A la plaça gran sobressortien els castellerç. - Les cebres estan amenazades d'extinció. - L'enciam dols dels països mediterranis és molt bo. - Hi havia onze gossos malaltisos. - Quina adressa té, en Viçenç? - El glaç de la carretera va produir una col·lisió.

Ejercicio 25

Complete los espacios vacíos de las siguientes palabras con s, ss, c, ç o z, según corresponda:

Matí_, enfon_ar, magat_em, _ona, _ero, ca_ar, escur_ar, fal_, ca_ar-se, ben_ina, _entinella, ga_eta, escur_ar, llen_, mono_íl·lab, tri_ulfat, _irena, _índria, comer_os, velo_, can_ons, contra_entit, di_olució, diòce_i, corro_ió, tran_istor, esqui_ofrènic, À_ia, hipòte_i, compromi_ari, a_o_iació, al_ina, sen_ill, ba_a, na_os, pin_ell, llu_, al_ar, en_iam, arcabu_, Andalu_ia, enyoran_a, for_ut, dan_a, _eba, ac_ent, cama_ec.

Ejercicio 26

Corrija el siguiente texto:

Mai habia vist un coche com aquell. Era ben be una andromina estrafalaria que avançaba bramulant, talmen un remat d'elefants que volguésin embestir un cazador agosarat que els hi fèia nosa. La part del devant era gris com tambié las portas matexes; la resta del auto tenia tons bermellossos que hom no acertaba a distinguir si eran producte de la pintura o de la capa de fanc que si arrapava amb força.

Lección 21
M-MP-N

Al hablar de las consonantes ya se ha señalado que, en algunos casos, la *p* del grupo *mp* enmudece (lección 19)
A continuación se verá cuándo hay que escribir *mp*, *m* o *n*.

a) Se escribe *m*:

— Delante de *b*.

Ej.: ra*m*bla, o*m*bra, bi*m*ba.

— Delante de *p*.

Ej.: co*m*prar, ca*m*pament, pà*m*pol.

— Delante de *m*.

Ej.: i*mm*ersió, ge*mm*a, i*mm*ensitat.

<small>Excepciones</small>

Se escribe *n* delante de *m*, *b* y *p* cuando se trata de palabras compuestas.

Ej.: be*n*parlat, e*n*mig, ta*n*mateix.

— Delante de *f*.

    Ej.: si**m**fonia, parani**m**f, a**m**fiteatre.

Al inicio de palabra se escribe *n* delante de *f* en las sílabas *con-*, *en-* e *in-*.

    Ej.: con-: co**n**fiar, co**n**fluir
         en-: e**n**filar, e**n**fadar
         in-: i**n**fame, i**n**fant

Dentro de estas excepciones hay que tener en cuenta que también se escribe *n* delante de *f* en la siguiente serie de palabras: *fanfàrria, fanfarró, gonfanó.*

Observe que las palabras que se detallan a continuación siguen la regla general, motivo por el cual será necesario escribir siempre *emf-*: *èmfasi, emfisema, emfiteusi, emfraxi.*

b) Se escribe *n:*

— Delante de *v*.

    Ej.: ca**n**vi, mi**n**var, e**n**viar.

Se escribe *m* delante de *v* en algunas palabras compuestas.

    Ej.: tra**m**via, circu**m**val·lació.

c) Se escribe *mp* en las palabras de la lista siguiente y sus derivados:

así*mp*tota	presu*mp*ció
assu*mp*ció	presu*mp*tuós
assu*mp*te	pro*mp*te
ate*mp*tar	rede*mp*ció
co*mp*te	rede*mp*tor
consu*mp*ció	resu*mp*ció
consu*mp*tiu	sí*mp*toma
eclà*mp*sia	su*mp*ció
exe*mp*ció	su*mp*tuós
impro*mp*tu	te*mp*s
mete*mp*sicosi	te*mp*tar
pere*mp*ció	te*mp*tativa
pere*mp*tori	te*mp*teig
pree*mp*ció	trassu*mp*te

d) En los demás casos, se escribe *m* o *n* según lo indique la correcta pronunciación.

   Ej.: a*m*nistia, da*m*nar, i*n*necessari, pre*m*sa.

Observe la diferencia existente entre las tres palabras siguientes:

compte (suma, contar, consideración, atención)
comte (título feudal)
conte (cuento infantil)

Ejercicio 27

Rellene los espacios vacíos de las siguientes palabras con *mp*, *m* o *n*, según corresponda:

El co_te del Pallars aca_pava a_b els seus homes rera l'i_mens penyal. - El tra_via número 29 passa pel passeig de circu_val·lació. - La pre_sa reclamava l'a_nistia per als e_presonats. - El ca_vi del co_te del restaurant no era correcte. - Els da_nats de les riuades co_fiaven que els e_viessin ajut e_mig de l'aiguat. - La te_tativa d'ate_tat no va ser un assu_te prou clar. - El so_ni era com una si_fonia de ni_fes ballant sole_nement. - Repartien pa_flets al xa_frà de casa. - Els i_fants escoltaven el co_te de ge_mes precioses que els explicava l'avi amb un so_rís als llavis. - Feia fred i ta_mateix la zona o_brívola de l'a_fiteatre era plena d'alu_nes.

Ejercicio 28

Corrija el siguiente texto:

El tems de la vrema habia acabat. Els treballadors buscaven altras cams on anar a cullir les fruites de temporada, quines fruites ja eran a pun de madurà. Hi había, però, forces traballadors enmig aquella jernació que desitxavan tornar a la casa seva y que habían estalviat prous dines duran las jornades d'insomni. Al menys un d'ells no tornaria: en Miquel.

Lección 22
QU-CU

En catalán, cuando se pronuncia la *u*, tienen el mismo sonido los grupos *qu* y *cu*. A continuación se determina cuándo escribir uno u otro:

a) Se escribe *qu* generalmente delante de vocal.

Ej.: *qua*nt, *qua*n, *qua*tre, freq*ü*encia, *quo*tidià, *quo*ta, *quo*cient, e*qua*ció.

<small>Excepciones</small>

Las siguientes palabras se escribirán con *cu*:

acu*ï*tat	ipeca*cua*na
conspí*cua*	perspicu*ï*tat
cua	profi*cua*
eva*cua*r	promiscu*ï*tat
innocu*ï*tat	vacu*ï*tat

b) Se escribe *cu* delante de consonante.

Ej.: *cu*lata, *cú*pula, *cu*lpable.

Ejercicio 29

Las siguientes palabras se han escrito deliberadamente con *c*; sustitúyala por *q* cuando sea necesario:

✎ Cuarta, cuaranta, cuina, ecuànime, frecuència, secuela, conspicuïtat, cua, promiscuïtat, innòcua, cuòrum, cuer, cuota, cuaderna, cuestió, cuasi, cualsevol, cualitat, evacuar, acuarel·la.

Ejercicio 30

Copie el siguiente texto y compruebe, después, con mucha atención si ha sido fiel a la grafía:

✎ La vella Mariagna era una reina que era bruixa, i deien que, de tot, en sabia més de set vegades. Quan el pare de la pubilla Rosana passà per vora de casa de la reina, i les criades sentiren el que cridava, ho van anar a dir a la seva mestressa. La vella Mariagna, que no podia resistir que hi hagués ningú més savi que ella, va cridar el pare de Rosana, disposada a comprar-li la seva filla al preu que volgués, amb intenció de fer-la perdre. Quan la va tenir al davant, li donà una gran saca de llana burella, li va manar que l'anés a rentar al riu i que no la hi tornés fins que fos ben blanca, puix que havia de servir per fer les robes del parament del seu fill Joan, el qual havia de casar-se aquell mateix any.

Lección 23
R-RR

La letra *r* puede tener dos sonidos según si se pronuncia débil o fuerte.

El sonido de la *r* débil corresponde a las palabras: ma*r*e tercera, tiraré. En cambio, el sonido de la *r* fuerte es el de las palabras: *r*eina, gue*rr*a, colra*r*.

Además, como ya se ha visto en el capítulo correspondiente a las consonantes mudas (lección 19), en algunos casos no suele pronunciarse.

Ej.: mata*r*, créixe*r*, remo*r*.

a) Se escribe *r* fuerte:

— Después de consonante.

Ej.: fol*r*e, som*r*iure, Man*r*esa.

Observe que la *r* sonará fuerte después de *l, m* y *n.*

— Al inicio de palabra.

Fj· *r*ic, *R*amon, *r*eixa.

b) Se escribe *rr* fuerte entre dos vocales.

Ej.: ba*rr*a, te*rr*a, co*rr*eu.

Se escribe una sola *r* en el caso de palabras compuestas formadas por prefijos acabados en vocal y por términos que comiencen con *r*.

　*Ej.: tri*rectangle.

　Observe, sin embargo, las palabras *arr*ítmia, *birr*em y *tri-rr*em.

c) Se escribe *r* débil:

— Entre dos vocales.
　*Ej.: ca*u*re, ve*u*re, Ma*ria.

— Después de consonante.
　*Ej.: t*rauma, *d*ringar, tèt*ric.

d) Se escribe *r* muda.

— En las palabras cuyos derivados presenten *r*.

　dur　duresa
　por　poruc
　calor　calorós
　clar　aclariment

— En todos los infinitivos verbales agudos.
　*Ej.: ti*rar, pair, anar, saber.

— En los infinitivos llanos que no tengan *r* débil en la última sílaba.
　*Ej.: créixer, conèixer, pertànyer.

Observe que estos infinitivos presentan el sonido de *r* en el futuro.

Ej.: créixer - creixeré
conèixer - coneixeràs
pertànyer - pertanyerà

— En las palabras formadas por los sufijos: *-ar, -er, -or, -dor, -tor, -sor.*

-ar: besti*ar*, colom*ar*;
-er: cirer*er*, mitjanc*er*;
-or: profess*or*, escalf*or*;
-dor: moca*dor*, abeura*dor*;
-tor: ac*tor*, pin*tor*;
-sor: impress*or*.

Ejercicio 31

Escriba correctamente las palabras que considere mal escritas en la siguiente lista:

Carro, pendrer, cantarr, trobar, cirrcumcidarr, convènce, blavó, rroca, rrossa, rrectangle, trrirrem, suprrarreal, infrrarroig, multirracial, trencar, cremar, ferer, corupció, arítmia, barranc, rabiós, autorretrat, aròs, parra, dur, sabé, di, tòrce, segur.

Ejercicio 32

Copie el siguiente texto y compruebe si ha sido fiel a su grafía:

El diumenge a la tarda varen vagar prop dels terrenys de la granja. Havíem estat enllestint les feines preparatòries de la sembra de blat. Al capvespre, quan el sol començava a amagar-se rere la serralada de ponent, com cada dia, en Jaume va plegar els ormeigs de pesca amb què s'havia entretingut mirant d'aplegar algun dels peixos que nedaven tranquil·lament dins el rierol; malgrat l'interès que hi posava, no havia reeixit a capturar-ne cap.

Soluciones
de los ejercicios

Lección I

Ejercicio I

*Ll*i*b*re, pa*p*er, *cai*xa, *p*i*p*a, encene*d*or, ca*d*ira, es*t*u*f*a, *t*a*bac*, adhe*si*u, *t*au*l*a, a*b*ric, *p*esca, *cau*re, *org*ue, llen*ç*ar, cor*t*ina, ca*t*i*f*a, ar*m*ari, *p*orta, *v*asos, *qu*a*d*re, fotogra*f*ia, *p*loma, dis*f*ressa.

Ejercicio 2

Clasificación de palabras.

Agudas: paret, menut, alfabet, pronom, esquellot, vailet, rie-rol, endreç.

Llanas: mitja, sabata, fusta, escaire, antena, revista, vaca, corda.

Esdrújulas: pàgina, hipèrbole, gramàtica, síl·laba, tèrbola, esdrúixola.

Lección 2

Ejercicio 3

Vaig a-nar a la cai-xa d'es-tal-vis. - Els pas-sat-gers del tram-vi-a s'as-se-ien. - Và-rem veu-re de re-üll les no-ies que pas-sa-ven pel car-rer. - Si no fos nú-vol, llu-i-ri-a el sol. - Qual-se-vol se-nyor pot ca-çar guat-lles. - Pi-us sa-bi-a to-car l'har-mò-ni-um. - No can-vi-ïs els bit-llets. - Per Pas-qua con-tra-a-ta-ca-ren els ta-üls. - La pa-lla cre-mà el feix de faig. - Qui-na com-pa-nyi-a pa-ga-rà els danys cau-sats per la so-bre-ei-xi-da?

Lección 3

Ejercicio 4

Filologia, papà, història, llengua, alfabet, breu, pot, article, substantiu, servei, màgic, ciència, bòvila, examen, Pasqua, pua, llibre, companyia, capsa, capses, corrues, pipa, ploma, calaix, ocell, moble, bèstia, harmònium, cigar, tornar, llapis, màxims, mínim, cendrer, prestatgeria, premi.

Ejercicio 5

Vós vàreu endur-vos els ossos dels bens. - Algú va veure què feieu amb la mà. - No tinc més son. - Us volen prendre el nét? - Sí, però Déu no ho permetrà. - El món és gran com tot. - El pèl dels bens abriga. - Si els de la companyia de cafè tinguessin camions i fessin una bona collita, seria un any de béns. - Té aquestes móres i fes-ne un bon ús. - De què, dius? - No ho sé.

Lección 4

Ejercicio 6

Fruíem a la cuina de llenya, però era una ruïna. - Ahir agrairem l'heroïcitat dels soldats. - Els antiimperialistes contraatacaven amb molta freqüència. - No reïxo a vèncer en Pius. - L'heroisme del veïnatge salvà la ciutat. - Si no hi hagués quòrum no es produiria la votació. - Tens cinta aïllant? - Les aigües anihilaren aquest poble de l'antiguitat. - Coïa els peus de porc que duia en Miquel.

Lección 5

Ejercicio 7

L'he vista al carrer. - La indústria de l'aliment. - Per l'estiu ja hi serem tots. - Porta'm l'eina de ca l'Enric. - N'Úrsula no vol perdre't. - La unió porta la força. - La universitat d'Alemanya. - La Scala de Milà. - L'1 de juliol comença el curs de ioga. - No te l'has posada bé. - El Harry venia de l'Índia. - L'OTAN és un pacte militar.

Ejercicio 8

M'en vaig, la hipnosi, vés-te'n, l'home, la italiana, l'únic, l'única, la humanitat, el Hall, Can'Esteller, per l'home, l'òpera, l'obrera, d'abans-d'ahir, dóna'm, a l'aire, agafa'ls, mira-te'ls, porta'ns-en, porteu-nos-en, perdre's.

Lección 6

Ejercicio 9

El venedor de vetes-i-fils és un poca-vergonya. - L'ex-secretari del vice-president és arxi-conegut. - Anem-nos-en cap a Puigreig. - Aquesta pel·lícula anglo-germànica ha costat tres-cents vint-i-vuit milions nou-cents quaranta-dos mil euros. - L'informe físicoquímic analitza l'aigua mineromedicinal.

Lección 7

Ejercicio 10

En Llàtzer estava molt malencònic d'enyorança. - L'alcàsser de Sant Juan era una meravella. - El sergent del sometent duia l'estendard del regiment. - Varem detenir l'assassí de l'ambaixador. - L'assemblea avaluà els danys de l'avaria. - Sardenya és davant Itàlia. - L'ebenista cremava les fustes que no servien. - Faré netejar el monestir.

Ejercicio 11

Davant l'hotel no hi havia cap guàrdia. - Sota la porta de la cambra va trobar una nota que li demanava d'anar a veure la ciutat. El sol resplendia al cel. - El viatge de tornada va ésser ben feliç.

Lección 8

Ejercicio 12

Joventut, cullera, muntar, escollir, publicar, fonament, croada, escullera, cònsol, riu, volem, vulguem, Joaquim, curiós, rossinyol, furòncol, govern, opció, vulcà, juvenil, suportar, trofeu, muntanya, Hongria, porus, sostenir, butxaca, tonyina, textos, imprevistos, formar, butlletí, torró, botifarra.

Lección 9

Ejercicio 13

Cantava, beina, boina, comboi, canvi, minvada, lloba, bèstia, nevar, bleda, vent, bona, brama, treball, saber, dèbit, mòbil, cabota, provava, escrivia, tramvia, calba, avorrir, savi, vermell, avi, L'Havana, gavardina, núvol, bava, bambú, cable, obrer, cervell, Còrdova, caravel·la, haver, meva, tuberia, embenar, mobilitat, cavall, rebentar, corba, berbena, oblidar, arbre, marbre, convidar, govern, sabó, basc, bivac, baró.

Lección 10

Ejercicio 14

El captaire sap que no hi cap. - La festa àrab de dissabte em va agradar. - És un dia òptim per submergir-se. Els homes corruptes no poden copsar la subtil pau del camp. - Va dubtar abans d'abdicar. - Les serps mengen talps. - El nostre rumb va fer un tomb. - L'aljub era corb.

Lección 11

Ejercicio 15

Verat, absurd, estribord, adjunció, jutge, admissió, platja, atzembla, adjectiu, desacord, nord, fred, atmosfera, vímet, herald, mirant, adherir, gallart, aritmètica, baluard, treient, alcaid, sotmetre, petit, menut.

Lección 12

Ejercicio 16

Nàufrag, burg, accedir, dracma, amígdala, sarcòfag, lloc, drac, actiu, tècnic, llarg, pròdig, biòleg, míting, càstig, fresc, accedir, diccionari, rang, aràcnid, fragment, accent, digne, maragda.

Lección 13

Ejercicio 17

Congelar, geganta, trajecte, majestat, trossejar, jove, injecció, Jeremies, joia, fageda, sutge, geniva, sojorn, jersei, prodigi, biologia, jutjat, gerani, subjecte.

Lección 14

Ejercicio 18

Xauxa, bruixa, Xina, calaix, Carcaixent, gruix, luxe, planxa, feixa, cuixa, punxar, xocolata, xicra, xeflis, xano-xano, disbauxa.

Lección 15

Ejercicio 19

Sandvitx, despatx, planxa, desig, boig, cotxe, mig, ormeig, tatxar, maig, faig, esquitx, desig, puig, lleig, fletxa.

Lección 16

Ejercicio 20

El matx de dissabte va acabar amb empat a dos. - El mes de maig anirem a menjar sandvitxos al Puig farinós. - Vaig fer un tatx d'aquelles sardines en escabetx i vaig agafar un empatx. - Surt del mig o rebràs una cartutxada. - El metge va venir a visitar els malalts amb cotxe. - El meu desig és que no trepitgis l'ormeig de pescar. - No esquitxis, que se'm farà un bon pastitxo.

Lección 17

Ejercicio 21

Ballet, vacil·lar, anguila, porcellana, mol·lusc, pàl·lid, bèl·lic, cèl·lula, cèlebre, pel·lícula, mil·límetre, exili, beril·li, xarel·lo, ballarina, destil·lar, il·lògic, filatèlia, il·lusió, paral·lel, col·lecció, monosíl·lab, el·lipso, fal·lera, medul·la, sil·logisme, ombrel·la, varicel·la, il·lustre.

Lección 18

Ejercicio 22

Prescindint de ressenyar fets prou coneguts i curosament referits en obres especialistes (n.º 1.621), consignarem que muralles, baluarts, cases, monestirs, capelles, edificis públics, tot allò que entrava dintre l'àrea assenyalada per Verboom en el barri de la Ribera, anà a terra. L'únic monument que quedà en peu, com a record perdurable del tros de ciutat desaparegut, fou la torre de Sant Joan de les muralles, situada davant el monestir de Santa Clara. Reclosa dintre l'edifici militar trasbalsada exteriorment i interior, deixant-la desconeguda, esdevingué una de les presons militars de més anomenada de Barcelona i de trist record.

Lección 19

Ejercicio 23

Amb aquest temps no hi haurà clients. - El mar estava molt encalmat i vàrem hissar el velam. - Aquest bitllet del tren és correcte. - L'home que es va plànyer era baix. - Fuig corrents o t'atraparan. - Comença per tenir-ho tot preparat. - El camp de Sant Andreu era blanc com el paper perquè havia estat nevant des de migdia. - No cal dir-ho.

Lección 20

Ejercicio 24

El caçador va tornar a casa seva pel camí de la sèquia. - Durant el mes de març floreixen els llessamins que després seguem a cops de falç. - Un cop rebuda l'adhesió dels musulmans es va dissoldre la manifestació. - A la plaça gran sobresortien els castellers. - Les zebres estan amenaçades d'extinció. - L'enciam dolç dels països mediterranis és molt bo. - Hi havia onze gossos malaltissos. - Quina adreça té, en Vicenç? El glaç de la carretera va produir una col·lisió. - El sentinella va demanar la contrasenya.

Ejercicio 25

Matís, enfonsar, magatzem, zona, zero, caçar, escurçar, falç, casarse, benzina, sentinella, gaseta, escurçar, llenç, monosíl·lab, trisulfat, sirena, síndria, comerços, veloç, cançons, contrasentit, dissolució, diòcesi, corrosió, transistor, esquizofrènic, Àsia, hipòtesi, compromissari, associació, alzina, senzill, bassa, nassos, pinzell, lluç, alçar, enciam, arcabuç, Andalusia, enyorança, forçut, dansa, ceba, accent, cama-sec, asingàmia, avenç, adreça, sèquia, tassa, trossos, vernís, bronze, consciència, banús, massapà.

Ejercicio 26

Mai no havia vist un cotxe com aquell. Era ben bé una andròmina estrafolària que avençava bramulant, talment un remat d'elefants que volguessin envestir un caçador agosarat que els fes nosa. La part del davant era grisa com també ho eren les portes; la resta de l'auto tenia uns tons vermellosos que hom no encertava a distingir si eren producte de la pintura o de la capa de fang que s'hi arrapava amb força.

Lección 21

Ejercicio 27

El comte del Pallars acampava amb els seus homes rera l'immens penyal. - El tramvia número 29 passa pel passeig de circumval·lació. - La premsa reclamava l'amnistia per als empresonats. - El canvi del compte del restaurant no era correcte. - Els damnats de les riuades confiaven que els enviessin ajut enmig de l'aiguat. - La temptativa d'atemptat no va ser un assumpte prou clar. - El somni era com una simfonia de nimfes ballant solemnement. - Repartien pamflets al xamfrà de casa. - Els infants escoltaven el conte de gemmes precioses que els explicava l'avi amb un somrís als llavis. - Feia fred i tanmateix la zona ombrívola de l'amfiteatre era plena d'alumnes.

Ejercicio 28

El temps de la verema havia acabat. Els treballadors buscaven uns altres camps on anar a collir les fruites de temporada, les quals ja eren a punt de madurar. Hi havia, però, força treballadors enmig d'aquella gernació que desitjaven tornar a casa seva i que havien estalviat prou diners durant les jornades d'insomni. Almenys un d'ells no hi tornaria: en Miquel.

Lección 22

Ejercicio 29

Quarta, quaranta, cuina, equànime, freqüència, seqüela, conspicuïtat, cua, promiscuïtat, innòcua, quòrum, cuer, quota, quaderna, qüestió, quasi, qualsevol, qualitat, evacuar, aqüarel·la.

Ejercicio 30

La vella Mariagna era una reina que era bruixa, i deien que, de tot, en sabia més de set vegades. Quan el pare de la pubilla Rosana passà per vora de casa de la reina, i les criades sentiren el que cridava, ho van anar a dir a la seva mestressa. La vella Mariagna, que no podia resistir que hi hagués ningú més savi que ella, va cridar el pare de Rosana, disposada a comprar-li la seva filla al preu que volgués, amb intenció de fer-la perdre. Quan la va tenir al davant, li donà una gran saca de llana burella, li va manar que l'anés a rentar al riu i que no la hi tornés fins que fos ben blanca, puix que havia de servir per fer les robes del parament del seu fill Joan, el qual havia de casar-se aquell mateix any.

Lección 23

Ejercicio 31

Carro, prendre, cantar, trobar, circumcidar, convèncer, blavor, roca, rossa, rectangle, trirrem, suprareal, infraroig, multiracial, trencar, cremar, ferrer, corrupció, arrítmia, barranc, rabiós, autoretrat, arròs, parra, dur, saber, dir, tòrcer, segur.

Ejercicio 32

El diumenge a la tarda varen vagar prop dels terrenys de la granja. Havíem estat enllestint les feines preparatòries de la sembra de blat. Al capvespre, quan el sol començava d'amagar-se rere la serralada de ponent, com cada dia, en Jaume va plegar els ormeigs de pesca amb què s'havia entretingut mirant d'aplegar alguns dels peixos que nedaven tranquil·lament dins el rierol; malgrat l'interès que hi posava, no havia reeixit a capturar-ne cap.

www.ingramcontent.com/pod-product-compliance
Lightning Source LLC
LaVergne TN
LVHW051747080426
835511LV00018B/3259